CATÉCHISME

DE LA

RÉFORME ÉLECTORALE,

PAR F. LA.,

Collaborateur du PATRIOTE DE L'AIN.

> Tous les citoyens doivent avoir
> le droit de donner leur voix pour
> choisir un représentant.
>
> MONTESQUIEU.

— ◦ —

CHEZ LES LIBRAIRES

MARCHANDS DE NOUVEAUTÉS.

1840.

NANTUA, IMPRIMERIE D'AUG. ARÊNE.

AVANT-PROPOS.

En présence des misérables railleries ayant pour but de fausser l'opinion sur l'importance et sur les sympathies universelles qui s'attachent au *projet de la RÉFORME ÉLECTORALE*, j'ai pensé qu'il était bien de réunir en quelques pages et sous un jour sérieux, les objections les plus spécieuses, les principaux arguments faits pour ou contre nos pétitions.

Travail rapide et sans autre valeur qne celui d'une intention patriotique, ce petit livre n'est que le faible écho des principaux organes de la presse, et, sans ambition d'inutile renommée, il s'abandonne à l'indulgence du peuple.

La modicité du prix me met à l'abri de toute supposition de calcul; et, toutefois, si le produit de la vente dépassait les frais d'impression, je m'engage à consacrer l'intégralité du bénéfice aux salles d'asile de Bourg et de Nantua.

Au peuple donc, le fruit moral de ce résumé! Aux enfants du peuple, le fruit pécuniaire!

CATÉCHISME

DE LA

RÉFORME ÉLECTORALE.

Dans une petite ville de la province, trois hommes sont assis autour du tapis vert d'un cabinet de lecture : le premier, généreux jeune homme, s'est fait missionnaire de la justice et recrute des signatures pour la pétition de la réforme électorale; le second est propriétaire et électeur; le troisième reste inconnu pendant tout le cours de la discussion qui va suivre.

Le Pétitionnaire. — Si je m'adressais à l'immense majorité de nos frères privés de leurs droits politiques, je me contenterais de leur dire :

Voulez-vous obtenir l'exercice de votre nationalité? Voul z-vous surveiller, par vos mandataires, la marche de nos affaires publiques? Voulez-vous recueillir les fruits de la victoire remportée par vous en juillet, et faire passer dans les faits le principe de *l'égalité* raisonnée, proclamée par nos lois? Voulez-vous enfin conserver et garantir votre liberté, votre honneur, votre libre arbitre (*)? Signez alors, signez... et nos frères signeront. — Mais, vous me l'avez dit, messieurs, vous êtes les hommes du privilége, vous êtes électeurs, dès-lors cette pétition paraît au premier abord n'avoir point pour vous le même intérêt. Cependant, raisonnons

(*) Nous, qui, pour être libres, n'avons eu que la peine de naître, nous serions bien lâches, bien infâmes de laisser périr la liberté : nos pères nous l'ont achetée au prix de bien des vertus. (Thiers, *Histoire de la Révolution Française.*)

et que votre sagesse et votre conscience soient les seuls juges de la question.

L'Inconnu. — Vos déclamations n'on pas même le mérite de la nouveauté : voici que depuis un demi-siècle elles sont répétées, et cependant vous voyez où nous en sommes : 1840 est moins avancé, sous ce rapport, que 1792. C'est une affaire usée.

Le Pétitionnaire. — Lorsque vous assignez à l'époque de notre première révolution l'origine des réclamations électorales, vous vous trompez : déjà long-temps avant, Montesquieu, dont une feuille de la cour, le *Journal des Débats*, disait dernièrement : « Plus on médite *l'Esprit des Lois* et » plus on sent qu'il contient les destinées politiques » du genre humain : tout est là, le passé et l'ave-» nir, les causes du malheur des peuples et celles » de leur félicité : que d'instructions *nous aurions* » *pu en tirer*, que de lumières nous pourrions y

» puiser encore. C'est un livre prophétique, con-
» sultons le souvent : *Nocturnà versate manu di-*
« *muà.* » Montesquieu, dis-je, avait écrit ces choses : « *Tous les citoyens* doivent avoir droit de don-
» ner leur voix pour choisir un représentant. » A
côté de Montesquieu, sont venus se grouper Voltaire et Jean-Jacques Rousseau, ces deux flambeaux
philosophiques du dix-huitième siècle. Voyez la
pensée de toutes les œuvres du premier, voyez le
Contrat social du second. Le sentiment de ce besoin
formulé par les hommes que je viens de nommer
remonte même bien plus haut encore : Il s'appuyait
en effet sur l'imitation des républiques antiques,
sur les souvenirs les plus glorieux de Rome, sur
les premiers temps de l'église catholique et de la
monarchie française, et sur l'organisation des communes au moyen-âge. Le principe électoral se rat-
tache aux premiers âges du monde, alors que les
fractions de l'humanité sentirent la nécessité de se
choisir des chefs: vous voyez donc bien que no-

tre œuvre n'est pas aussi jeune que vous voudriez
la faire.

Mais vous avez parfaitement raison de dire qui
1840 nous trouve bien moins avancés qu'à la première révolution française : que signifie cela? Sinon que nous devons nous hâter de recouvrer les
droits usurpés sur nous par l'adresse ou par la
force. Non, la question de la Réforme n'est point
usée, j'en prends à témoin les efforts dirigés contre
elle par tous les hommes de la cour; j'en prends à témoin l'universel cri qui s'élève de tous les points de
la France; j'en prends à témoin l'indifférence et le
dédain qui accueillent toute manœuvre et toute petite évolution gouvernementale en dehors de la Réforme; j'en prends à témoin la Députation qui vient
de complimenter MM. Laffitte, Arago, Dupont de
l'Eure, Martin, de Strasbourg, les pères du programme, au même moment où les corps constitués
allaient complimenter Louis-Philippe, au château
des Tuileries. Ah! vous me dites que la question

de la Réforme est usée ! mais alors vous ignorez complètement, monsieur, l'histoire des jours où vous vivez. Fût-il jamais, je vous le demande, une manifestation plus éloquente et plus large de l'opinion publique ? Pendant les luttes soutenues par le pays contre la Restauration, aucune pétition ne fut couverte de plus de 10,000 signatures. Au milieu de l'effervessance de 89, vous ne trouvez qu'une pétition revêtue de 20,000 signatures ; et, maintenant, tandis que nos 459 députés ne sont nommés que par 180,000 électeurs, notre première pétition pour la Réforme a obtenu de prime abord 200,000 suffrages : tout fait espérer que pour la seconde ce nombre sera presque doublé. Que serait-ce donc si la France ne comptait point d'hommes liés par position ou par l'espérance de positions dérivant de la cour? Que serait-ce si la rigueur de surveillance exercée contre les citoyens franchement patriotes ne liait pas les mains des timides? Que serait-ce si, depuis dix ans, le gouvernement de Juillet avait fait tout ce qu'il était possible de faire pour vulgariser l'enseignement de l'écriture parmi le peuple? Disons-le donc, notre premier succès peut et doit nous énorgueillir.

D'ailleurs, « tout ce qui est utile et juste en
» politique a de la nouveauté. Qu'importe le plus
» ou moins de nouveauté dans l'argumentation?
» La logique de la politique est, comme la mo-
» rale, invariable; elle a besoin d'être souvent
» exposée. Avant que la presse ait eu quelque li-
» berté en France, qu'elle y fût même comprise,
» combien d'écrivains et d'habiles orateurs ont ré-
» pété sous mille formes diverses cette belle pen-
» sée de Voltaire : *Il est de droit naturel de se ser-*
» *vir de la plume comme de la langue.* Cette vérité
» est comprise aujourd'hui. Pour nous, il est éga-
» lement de droit naturel de se servir de son vote
» quand on est membre d'une cité. Si on en est
» dépouillé, on manque du moyen le plus efficace

» et le plus rationnel de faire usage de son intel-
» ligence et de sa moralité. » (*)

Ainsi la pensée de la Réforme n'est pas neuve; mais elle est plus que jamais vivace et triomphante. Si nous avons perdu les droits obtenus il y a cinquante ans, nous les recouvrerons; seulement nous changeons la manière de les obtenir. Nos pères se sont servis de la violence, et, sans doute, pour ce motif, ils ont été frustrés du prix de leur triomphe : à la force, nous préférons le calme et la légalité; par ce moyen nous vaincrons et nous garderons notre conquête.

Le Propriétaire. — Vous parlez de la légalité, êtes-vous bien certain de son appui?

Le Pétitionnaire. — Le droit de pétition est écrit dans l'art. 45 de la Charte : les fonctio n naires publics qui, par toute autre voie que celle

____

(*) *Censeur de Lyon.—Du droit d'élection*, n.º du 11 octobre 1839.

de la persuation, cherchent à arrêter les signataires ou à soustraire nos cahiers violent donc la Charte, et c'est à la suite d'une violation semblable qu'éclata la guerre de juillet 1830. Soyez tranquille, du reste, la meilleure preuve de la légitimité de nos pétitions est la liberté avec laquelle l'autorité contrariée parait laisser cependant circuler celles-ci.

L'Inconnu. — Il ne s'agit pas ici de votre droit de pétition, qui est incontestable ; mais est-ce une raison pour que les honnêtes gens vous autorisent à troubler l'ordre public?

Le Pétitionnaire. — J'avais déjà cru reconnaître, monsieur, qu'il y avait dans votre argumentation, de la mauvaise foi, mais j'aimais à en douter : maintenant j'en suis convaincu. Quoi! nous sommes des perturbateurs de l'ordre, nous qui voulons le rétablir partout où il se trouve ébranlé, grâce aux lois d'exclusion et de privilége ; nous qui, maîtres des mêmes armes qu'en 1789 et 1830, préférons demander, ce que nous pourrions prendre! Pour détruire l'ordre, il faudrait qu'il existât, et cet ordre qui, depuis dix ans, eût eu le temps de s'établir, si des lois organisatrices le lui eussent permis; cet ordre où le voyez-vous? Les factions trâment dans l'ombre, et, de temps à autre, secouent sur nos villes leur chevelure enflammée et sanglante. Le pouvoir ne peut se reposer ni sur les chambres éternellement mobiles, ni sur les ministères constamment renouvelés. Il n'y a plus qu'un moyen pour constituer l'ordre, c'est d'appeler le pays au maniement des affaires : laissez donc au peuple la liberté d'élever la voix, afin que le gouvernement l'entende, et qu'il se décide à s'appuyer sur lui.

L'Inconnu. — Je reconnais bien à la *violence* de vos paroles l'esprit des feuilles ignorantes et grossières, dans la lecture desquelles vous avez puisé votre instruction. La réforme que vous demandez est le *monde renversé*, *une folie et une absurdité :* le *Journal des Débats* et *la Presse* l'ont dit.

LE PÉTITIONNAIRE.—Faisons trêve, monsieur, à toutes ces insultes qui, jointes à la calomnie, accusent, dans votre parti, l'impuissance et la nécessité du mensonge. Ne serions-nous pas fondés à renvoyer à votre système toutes les attaques dirigées contre nous ? N'est-ce pas assister au spectacle du *monde renversé*, que de voir une nation de trente-trois millions d'habitants conduite par quelques privilégiés, qui presque tous n'ont aucune des conditions nécessaires pour nous guider ? N'est - ce pas *une folie et une absurdité* que de voir l'intelligence et la vertu tarifées suivant la fortune? Que signifient ce cens de 200 fr. exigé pour être électeur, et celui de 500 fr. pour être éligible? L'exigence des conditions de fortune est une continuation déguisée du droit d'hérédité pour les charges publiques, proclamé par le droit divin de la restauration, et dont le peuple, en juillet avait cru faire justice. Mais qu'est-il arrivé à cette époque? La chambre, élue d'après les lois de la restauration, et qui, raisonnablement, voyait expirer son mandat, a pensé pouvoir jeter les bases d'une charte nouvelle; parce qu'elle était sortie du privilége, elle a gardé le souvenir de son origine, elle a travaillé pour elle, elle a maintenu l'ancien principe en reconnaissant, toutefois, sa nature vicieuse, puisque ce principe a été modifié. C'est ainsi que de 300 fr. d'impôts le droit d'élection a été réduit à 200, et le droit d'éligibilité de 1,000 fr. à 500 fr. Or, ce n'est pas en modifiant une loi mauvaise qu'on la corrige. Ce qui est mauvais aujourd'hui sera mauvais demain, et, dans ce cas, une seule chose est à faire : il faut détruire.

On ne l'a pas voulu : que résulte-t-il de cette faute? L'ignorance née ou devenue riche, la perversité fortunée peuvent faire les lois qu'on impose à la capacité et à la vertu restées pauvres. Châteaubriand, Victor Hugo, Béranger, la plupart des hommes génies de notre époque ne sont pas même électeurs ; alors que les magistrats des cours, les hommes d'intelligence et de science sont privés de tous droits politiques, leur portier souvent dispose de ces droits. Enfin, la loi de propriété servant de caution à la sagesse électorale est souvent capricieuse, dérisoire et mensongère. Elle est capricieuse, car tel homme riche et électeur, en ce moment, pourra perdre tout à l'heure et sa fortune et ses droits d'élection : elle est dérisoire, car la fortune particulière n'est pas cotée sur les cadastres publics. Les propriétés apparentes et immobilières sont seules soumises à l'impôt, et les fonds mobiliers, placés sur l'Etat ou ailleurs, échappent, quant à la rente, au contrôle des percepteurs ; enfin, elle est mensongère, car, au moyen de cessions ou de ventes, véritables seulement aux yeux du fisc, tel homme sans fortune paraît posséder une propriété qui ne lui est pas réellement cédée, et trompe ainsi la prohibition de

2

la loi électorale ; elle est mensongère encore , puisqu'au moyen des hypothèques les deux tiers de nos
propriétaires français doivent souvent sur leurs
immeubles des sommes supérieures à leur valeur
réelle. Reconnaissez-le donc , notre législation est
de tous points vicieuse : force est ainsi de réparer
l'œuvre manquée de 1830 et de revenir au droit
commun.

Le Propriétaire. — Qu'entendez-vous par ces
mots : droit commun ?

Le Pétitionnaire. — Toute société n'existe qu'en
vertu d'un droit qui comporte avec lui l'idée d'un
devoir. Les hommes se sont réunis pour vivre entr'eux d'une vie fraternelle , et , par conséquent ,
dans une égalité complète vis-à-vis de la loi. Or ,
cette égalité et cette fraternité n'existent pas lorsque la loi à laquelle tous doivent être soumis , n'est
pas officiellement faite ou consentie par tous... Ad-
mettez une classe de législateurs privilégiés , et
vous constituez en sa faveur une domination , ou ,

si vous le préférez, une tyrannie qui placera le
reste de la nation dans un état de dépendance mar-
quée. L'égalité, base essentielle des sociétés humai-
nes, n'a pas toujours existé, je le sais, mais je
sais aussi que par ce motif ont éclaté les révolu-
tions et les désastres publics. En France, le principe
s'est bien forcément fait admettre sous le nom de
souveraineté populaire : par malheur, rien de lui
n'est passé à l'état de pratique ; la noblesse d'abord
et la bourgeoisie ensuite ont retenu le droit commun dans ses langes en l'usurpant pour elles,
comme un privilége. Le pays veut enfin se faire
mettre en possession de la part des droits qui lui
appartient.

Le Propriétaire. — Ce que vous me dites est-il
le but de la pétition présentée ? Que demandez-
vous dans ce formulaire ?

Le Pétitionnaire. — La pétition appuyée par
le comité Laffitte, réclame que tous les gardes nationaux français, c'est-à-dire que tous nos compa-

triotes ayant un domicile fixe, soient électeurs, sans avoir égard à la somme d'impôts, par eux payée ; elle pense, avec raison, que ces hommes qui, librement, défendent l'ordre, la liberté et la paix du pays, peuvent bien concourir, d'une manière plus ou moins directe, à son administration.

Comme vous le voyez, les règles de la garde nationale étant communes au droit d'élection sous le rapport de la fixation de l'aptitude des citoyens, les exceptions mentionnées dans le titre deux *de l'obligation du service des gardes nationaux*, deviendraient applicables au droit électoral ; ainsi, l'armée régulière placée jusqu'ici dans une obéissance passive, les gardes municipales, les autres valets directs du pouvoir, les êtres privés de l'exercice de leurs droits civils, ou condamnés à des peines afflictives ou infamantes, ne seraient point admis à déposer leurs votes dans l'urne électorale.

Il est une autre classe de citoyens que la logique rigoureuse du principe appelait encore au partage du droit d'élection ; je parle de la partie des classes ouvrières non soumise, à la vérité, au paiement des contributions personnelles, mais supportant, ainsi que nous, le fardeau des contributions indirectes, des droits de douane et d'octroi, et payant à l'Etat le tribut de son travail, s'il le faut, même de sa vie. Cependant, et contrairement à l'opinion d'un très-grand nombre de patriotes français, le projet du comité Laffitte ne propose point, pour le moment, encore, l'admission de ces hommes parmi les rangs des électeurs. Nos députés ont sans doute voulu, dans ce fait, ne point s'écarter de la législation de la garde nationale, qu'ils avaient prise pour base de réforme ; peut-être encore ont-ils pensé qu'ils donneraient aux élections un gage plus certain d'indépendance, de lumière et de sécurité. Les opinions, sur ce point, peuvent ne pas être d'accord : ce n'est point toutefois un motif pour repousser un progrès réel qui, bien certainement, préparera les voies d'une disposition plus judicieuse et plus absolue.

Mais, comme il existe de notables différences entre l'obligation du service armé et l'avantage du droit électoral, il doit arriver que les droits de dispenses de faveur accordées à certaines classes et les incompatibilités de fonctions déterminées dans la première loi ne devront point être une exclusion dans la seconde : par exemple, les ministres des différents cultes et les magistrats ne faisant point partie des gardes nationales du royaume, peuvent d'après les déductions les plus simples de la raison, être comptés pour électeurs.

De cette différence que je viens de signaler entre les deux lois considérées, l'une, comme obligation, l'autre comme avantage, il suit encore que tel homme soumis à la prescription obligatoire pourra dans un cas tout-à-fait exceptionnel, se trouver exclu de la législation facultative et favorable. Nul doute, dès lors, que les misérables voués à certaines professions immorales, dégradantes, ne soient exclus d'un privilége, dont l'exer-

cice demande pour première condition, la moralité... Ceci est l'une des distinctions essentielles
que n'a pas su faire la loi électorale qui maintenant
nous régit.

L'Inconnu. — Cette pensée est insolente, soit
pour la loi, soit pour les électeurs qui, pour cela
même qu'ils sont honorés par le législateur, doivent être respectés.

Le Pétitionnaire. — Je cite un fait, Monsieur,
tant pis pour l'institution et pour les privilégiés
qu'il atteint.

Le Propriétaire. — Le projet de Réforme se
borne-t-il à cette extension de droits?

Le Pétitionnaire. — Conséquents avec eux-
mêmes, les réformistes sollicitent tout ce qui peut
rendre véritable la représentation nationale vis-à-
vis du pouvoir. Un abus intolérable subsiste aujour-
d'hui : les fonctionnaires publics, c'est-à-dire les hommes élus par le roi et pouvant par lui, ou bien être
destitués, ou bien parvenir à des emplois plus lucra-

tifs, se font cependant les représentants du pays, et peu à peu envahissent toute la chambre. Je ne peux pas dire tout ce qu'il y a d'incompatible dans l'exercice de cette double représentation ; mais il est certain que le pays tout entier se plaint de cette manie dangereuse de cumuler les honneurs. Si l'état actuel des choses continue, la chambre des députés, semblable à celle des pairs qui tous, comme vous le savez, sont élus par le monarque, ne tardera pas à devenir une chambre du roi : quelles seraient les garanties constitutionnelles que s'est réservées le pays ?

Pour prévenir une plaie semblable, les réformistes veulent que les fonctionnaires publics soient exclus de la chambre.

Le Propriétaire. — N'y a-t-il pas un autre motif à cette *exclusion ?*

Le Pétitionnaire. — Toute fonction publique est présumée nécessaire et veut être remplie. Les emplois dans la province ne peuvent pas être remplis

par des hommes résidant à Paris. La représentation nationale ou les fonctions souffrent donc nécessairement de la députation confiée aux employés
publics. Cela ne peut pas être : ou l'emploi est
utile, ou bien il ne l'est pas : dans le premier cas,
les réformistes veulent qu'on le remplisse ; dans le
second, ils exigent qu'on le supprime. C'est ainsi
qu'on pourra rentrer dans la vérité d'un *gouvernement à bon marché*.

Le Propriétaire. — Sont-ce là toutes vos réclamations ?

Le Pétitionnaire. — Du moment où la fortune
ne sera plus une condition de l'éligibilité ; du moment où les fonctionnaires salariés par le roi ne seront plus admis à la chambre, il deviendra nécessaire d'indemniser les députés pour le sacrifice du
temps qu'ils feront à la patrie. La réforme propose
donc cette mesure, ne fut-ce que pour mettre la
chambre à l'abri des séductions ministérielles : cette
proposition mérite d'être accueillie, car la somme

avancée rapporterait au pays une économie de bien
des millions.

Le Propriétaire. — Mais cet appointement n'a-
vilirait-il pas en quelque sorte la dignité du député?

Le Pétitionnaire. — Nos magistrats des cours
et des tribunaux sont-ils donc avilis par le traitement légitime qu'ils reçoivent de l'Etat? Le ministère et la royauté elle-même, ne sont-ils pas
déjà dans la position que nous voulons faire à la
chambre?

Le Propriétaire. — L'application des règles que
vous venez de définir, à la législature électorale, of-
frent, il est vrai, l'avantage de présenter une base
plus fixe et plus sûre qu'elle ne l'est aujourd'hui;
mais que résultera-t-il du cas où la garde nationale
de quelques villes sera dissoute, ainsi que nous le
voyons à présent.

Le Pétitionnaire. — La circonstance que vous
alléguez ne saurait modifier en rien mon argumentation : les gardes nationaux ne seraient pas ad-

mis, en effet, au bénéfice du droit électoral, par ce motif seulement qu'ils portent les armes, mais bien plutôt parce qu'ils sont citoyens, et qu'ils doivent ainsi jouir des droits politiques du pays, dans lequel ils remplissent des devoir équivalents. Que le service de la garde nationale soit donc oui ou non organisé, peu importe; l'exercice du droit électoral doit subsister d'après les mêmes errements; sinon, vous comprenez qu'il serait trop facile aux caprices du pouvoir de suspendre au même instant l'un et l'autre.

Observez, du reste, que dans le cas où la Réforme que nous sollicitons rendrait à la chambre le caractère populaire qu'elle doit avoir, le gouvernement resterait dans la sphère rigoureuse de la légalité; la défiance vis-à-vis du pays ne serait plus permise, et les gardes nationales des villes du royaume ne disparaîtraient pas l'une après l'autre. Ces gardes civiques sont, en effet, la plus redoutable garantie de la nation, soit contre les ennemis du dehors, soit contre ceux de l'intérieur. La loi qui défend de prolonger au delà d'un an la durée de leur dissolution, autrement qu'en vertu d'une loi nouvelle et spéciale; la loi constitutive de la garde nationale, dis-je, recevrait son exécution, et nous ne verrions pas, comme de nos jours, le bon plaisir se soustraire à la volonté du pays: cela seul ne suffirait-il pas pour prouver l'utilité d'une Réforme?

LE PROPRIÉTAIRE.—*Vous êtes jeune*, monsieur, peut-être vous exagérez-vous l'utilité de cette Réforme qui, devant le droit commun, me paraît, il est vrai, légitime. *Quand vous aurez dix ans de plus, et que vous aurez une famille, qui sait si vous ne changerez pas votre opinion?* (*)

LE PÉTITIONNAIRE. — Je suis jeune à la vérité, monsieur, mais la gravité des circonstances qui, depuis dix ans, nous environnent, a bien forcé la

(*) *Courrier de l'Isère*, reproduit par le *Courrier de l'Ain* du **26** décembre 1839.

raison des jeunes hommes à mûrir plus rapidement qu'autrefois en des jours plus calmes. Je suis jeune, et je n'ai point de famille, dans le sens assez étroit que vous prêtez à ce mot ; mais, monsieur, ces deux faits présentés par vous comme un signe d'incapacité en pareille matière, ne sont-ils pas, au contraire, des gages certains de mon dévouement et de mon indépendance ? Je suis dans cet âge où la généreuse chaleur de l'âme n'est pas étouffée sous la glace de l'égoïsme, où la jalousie ne rêve pas le crime, où tout s'estime d'après la justice, où la vue de l'iniquité glorifiée fait bouillonner les artères, où l'avenir d'une famille ne tente jamais de faire le mal. Voilà pourquoi je sens mon cœur s'exalter à l'idée de la Réforme ; voilà pourquoi mon intelligence qui ne s'est pas étudiée à errer, saisit tout d'abord, et l'équité et l'urgence de cette Réforme. Rien ne saurait faire changer plus tard cet état de mon esprit ; la raison, chez moi, guide et corrobore le sentiment du bien : qu'importe alors la venue d'une famille ; son intérêt différerait-il du mien ?

Ecoutez : si vous étiez placé au milieu d'une habitation, dans les caveaux de laquelle couve un incendie, plutôt que de chercher à éteindre ce foyer, accessible encore, attendriez-vous pour prendre vos enfans en vos bras que la flamme vous enveloppât, et que sous vos pas les degrés de l'escalier s'écroulassent ?

Cette maison, c'est notre France ; cet incendie qui couve, c'est le peuple réclamant ses droits. Tout autour de nous est plein de périls qu'on ne veut point prévenir, plein de besoins qu'on refuse de satisfaire, plein de justes demandes auxquelles des imprudents ne veulent point répondre. Le peuple a faim, l'industrie se meurt, l'agriculture manque de bras et de voies de communication, le fisc et l'égoïsme mal entendu, sordide, de quelques possesseurs de terrains, empêchent l'établissement des chemins de fer, répandus déjà chez les nations voisines ; *la légalité nous tue*, le nom de la France est insulté, le vice est encouragé, l'instruction

est presque devenue un malheur, l'impôt, plus
que jamais, nous écrase, les prétendants pul-
lulent et intriguent, la principale feuille de
a cour reconnaît que la question de l'organisation du travail qui résume en elle toutes les autres,
présente les plus grandes difficultés et les plus
grands dangers, que, cependant, on n'en con-
naît même pas les premiers rudiments ; une autre
feuille du château, *la Presse*, s'écrie dans un moment de vérité : « La démocratie est une force dont
» il reste à trouver les lois : ce n'est plus à lui ré-
» sister qu'il faut penser, mais à la constituer ; s'en
» occupe-t-on ?.... L'anarchie est dans nos lois.
» N'y peut-on mettre un terme ? »

Et cependant, au milieu de cet universel désordre confessé par tous, le pouvoir se frotte les mains,
il s'applaudit de sa *haute* sagesse, il déclare qu'il
veut persister dans les mêmes voies qui, jusqu'ici,
lui ont été si salutaires ; pour toute satisfaction ac-
cordée au pays, il s'environne d'une couronne de

forts dirigés contre le peuple , il double l'effectif des armées , il augmente leur solde , il s'appuie sur les baïonnettes , il multiplie ses escouades de sergens de ville et de mouchards , il veut parer au chiffre toujours croissant des crimes par le monstrueux système de l'isolement pénitentiaire qui pousse le malheureux prisonnier à l'endurcissement, à la folie , au suicide , et , cependant , on ne craint pas de se nommer gouvernement populaire , économe , tranquille et prospère ; et pour justifier son inqualifiable inac ion , on écrit en toutes lettres , dans le *Journal des Débats,* cette absurdité politique : « On ne fait pas du grand à volonté ; il n'y » a pas de grandes choses en question ; il n'y a pas » de grands principes en jeu. » Mais , qu'y a-t-il donc de plus grand et de plus sérieux , ô mon Dieu! que le spectacle de l'incessante décroissance de notre patrie ? Que peut-il y avoir de plus urgent que de porter la main à l'édifice de cette monarchie séculaire qui s'incline dans l'abîme que les fautes ministérielles lui ont creusée ? Qu'y a-t-il de plus triste que le tableau de notre nationalité qui se voile et qui pleure...

Ah ! puisque vous déclarez que vous ne savez rien de grand à faire pour la France, laissez-la donc se sauver elle-même. Au nom de notre vieille gloire, au nom de notre ancienne vitalité nationale, nous vous en adjurons !....

Voulez-vous bien que je vous le dise ? De nos jours, la vieille société française ressemble à l'un de ces seigneurs féodaux, renfermés en 89 dans leurs châteaux démantelés : à l'époque d'une grande solennité, l'ancien bailli du village, maintenant maître d'école, et, contrairement à l'habitude, plein de franchise, vient, d'après l'usage, déposer ses félicitations aux pieds de sa hautesse : Quoi de nouveau dans notre noble seigneurie ? lui est-il demandé. — Monseigneur, les temps sont bien changés, vos vassaux lisent et pensent, le sentiment des droits se répand, le goût du bien-être se fait sentir, les méthodes d'agriculture se propagent dans le pays; tout se réveille à une vie nouvelle. — C'est à moi qu'ils le doivent, dit le seigneur, et mon nom doit être béni. — Il n'en est point tout à fait ainsi que vous le dites, monseigneur, la force des choses a seule opéré ces changements, mais les besoins compris et éprouvés ne sont pas satisfaits, votre nom ne sera béni qu'autant que vous ferez la concession de la dîme et d'une partie de vos droits seigneuriaux. — Si mes vassaux pensent que je ferai librement l'abandon de mes prérogatives, ils se trompent; mes droits resteront les mêmes, j'en usurperai plus encore qu'il ne m'en appartient, et ma volonté sera respectée, parce que je suis le seigneur et le maître. — Réfléchissez-y, le peuple aujourd'hui demande avec calme, mais demain, s'il y est forcé, peut-être viendra-t-il reprendre l'autorité que vous concédèrent momentanément ses ancêtres. — Qu'il vienne, et je suis prêt à le recevoir. Mes armes s'étaient rouillées, je les ai fait réparer, j'ai doublé le personnel de mes gens par l'adjonction d'un palefrenier et d'un garde champêtre ; le long des murs de ma basse-cour, j'ai fait creuser des meurtrières ; allez donc dire aux manants que je n'ai nulle crainte. Le bailli s'en alla plein de tristesse, et le lendemain l'orage populaire balaya castel et seigneur !

LE PROPRIÉTAIRE. — Je vois maintenant que de grandes réformes sont nécessaires dans l'intérêt même de notre conservation, mais pensez-vous que ces réformes doivent être faites par le peuple?

LE PÉTITIONNAIRE. — Jusqu'ici rien ou presque rien n'a été fait, parce que les lois sont l'œuvre des heureux, et que ceux qui jouissent pensent fort peu à ceux qui souffrent. Vous comprenez, du reste, que la question des douanes, de l'agriculture, de l'industrie, de l'organisation du travail, et toutes les autres doivent être surtout tranchées par le peuple, dont l'intérêt y est le plus fortement engagé. Les crises industrielles, et les momens de disette ne sont-ils pas en effet rigoureux surtout pour les classes peu fortunées?

Mais le peuple ne veut pas être exclusif et injuste comme on le fût à son égard : aucune classe hon-nête ne sera repoussée du droit électoral ; toutes seront donc représentées dans la proportion de leurs intérêts et de leur nombre parmi l'État. Le bonheur de tous les membres du pays est d'ailleurs tellement solidaire, que nul droit légitime ne sera brisé dans le moule des lois.

L'INCONNU. — Vous raisonnez dans l'hypothèse d'un peuple éclairé, mais il est impossible d'ignorer combien est grossière l'ignorance *de la lie populaire* :

« Que penser d'une Réforme dont le but est de
» rendre électeurs et éligibles les garçons de char-
» rue, les porte-faix et les mendiants, au même
» titre que l'avocat, le propriétaire, le commer-
» çant et l'industriel? » (*)

(*) *Courrier de l'Isère*, reproduit par le *Courrier de l'Ain*, 26 décembre 1839.

LE PÉTITIONNAIRE. — Il y a dans cette objection autant d'injures gratuites que de mensonges : je me tairai sur les injures qui ne déshonorent que ceux qui s'en servent, mais je relèverai le mensonge.

Nous avons vu déjà que le projet du comité Laffitte n'admettait à l'exercice du droit électoral que les gardes-nationaux, c'est-à-dire les citoyens ayant domicile fixe et soumis à la contribution personnelle. Les garçons de charrue, les mendiants sont-ils gardes nationaux ? et d'ailleurs, pense-t-on que les garçons de charrue, que les porte-faix, que les hommes faits pauvres seulement par la désorganisation de notre société, pense-t-on, dis-je, que tous ces hommes vivant d'accord avec l'inspiration d'une inaltérable probité naturelle, ne seraient pas bien meilleurs électeurs ou éligibles, que tel avocat, propriétaire, commerçant ou industriel devenu riche par la rapine ?

Ne sait-on pas ensuite que parmi ces dernières

classes que vous venez de citer, comme les types des électeurs et des élus actuels, beaucoup ne sont pas admis au droit de l'élection par ce motif qu'ils ne paient pas le cens voulu de 200 fr.? Votre argument n'est donc pas autre chose qu'une large sottise, ou plutôt elle peut nous servir d'attaque nouvelle contre la loi du monopole électoral, que vous avez le désir mais non la possibilité de défendre.

Venons maintenant au reproche d'ignorance que l'on adresse au peuple. A supposer que cette ignorance soit aussi grossière qu'on a l'intention de le faire croire pour le besoin de la cause; je dis que le reproche doit en être adressé non au peuple qui sent le besoin et qui a le noble désir de s'instruire, mais à vous, messieurs les gouvernants, qui ne lui ménagez ni le temps ni la faculté de le faire: si vous n'aviez vu quelque cause de danger dans la diffusion des lumières parmi le peuple, si vous aviez ouvert et suffisamment rétribué des cours d'instruction populaire, professionnelle et politique, si vous aviez fait aux manufacturiers et à tous autres, l'obligation d'accorder quelques heures à leurs employés pour suivre ces cours, le peuple serait instruit : mais, vous ne l'avez pas fait, et sur ce point encore, la modification de nos lois par la réforme est devenue nécessaire. Nous voulons nous instruire et la loi devra bien y consentir.

Mais n'allez pas croire cependant que, pour le moment, nous vous accordions gain de cause, et que nous souscrivions à l'accusation de l'incapacité électorale du peuple, pour cause d'ignorance : lisez donc le *Censeur* de Lyon du 27 octobre dernier :

« Si vous prenez pour mesure de la capacité, l'ap-
» titude aux sciences, aux belles lettres, oui, le
» peuple est ignorant ; si vous consultez, au con-
» traire, la pensée populaire, vous la trouverez
» forte, intelligente. Ne nous y trompons pas, la
» forme ne constitue pas le fond.

» Instruction et intelligence sont choses distinc-

» tes. Tel, homme lettré, n'est souvent qu'un sot,
» manque de judiciaire, de bon sens, ne sait ni
» comment se conduire, ni comment diriger les
» autres; tel ne sait ni lire et écrire, qui con-
» duit admirablement ses affaires, les dirige avec
» bon sens et habileté. De quel côté, s'il vous plaît,
» se trouve donc l'intelligence?....

» En quoi consiste le droit électoral? Il se ré-
» sume dans le choix d'un député, d'un conseiller,
» d'un juge-de-paix. — L'électeur agit collective-
» ment pour faire choix d'un député, honnête
» homme, dévoué à l'intérêt du pays : croit-on
» qu'il faille autre chose qu'un sens droit, un cœur
» pur et des sentiments honnêtes? Non, en vérité ;
» et c'est là ce qui se trouve chez le peuple. En
» fait, les masses se résument dans ceux qu'elles
» voient défendre avec chaleur les intérêts du pays
» et, par conséquent, les leurs ; ainsi que ceux des
» autres; si les hommes choisis y manquent, soyez
» assurés qu'ils ont bientôt perdu leur confiance. »

De son temps, Montesquieu disait déjà : « S'il y
» a peu de gens qui connaissent le degré précis de
» capacité des hommes, chacun est pourtant capa-
» ble de savoir si celui qu'il choisit est plus éclairé
» que la plupart des autres. »

Un grand progrès s'est manifesté depuis lors :
« aujourd'hui, le peuple de nos cités et de nos
» campagnes, pris collectivement, a plus d'instruc-
» tion *réelle* que n'en avaient alors bourgeoisie et
» noblesse. » Le changement de position vis-à-vis
du gouvernement, doublerait bientôt ce progrès.

Cependant, que voyons-nous ? tandis que dans
les républiques antiques, et dans les cités de France,
sous l'ancienne monarchie, le peuple et les corps
d'état jouissaient des droits électoraux, tandis qu'ils
donnèrent toujours des preuves de la sagesse de leurs
choix, à ce point que le publiciste Needham dit :
« Le peuple romain ne pût jamais se laisser persua-
» der jusqu'à choisir un homme notoirement in-
» fâme ; il se trompait rarement dans le choix de

» ses tribuns, ainsi que dans celui de ses officiers. »
Nous, nous sommes dépouillés de tous nos droits
conquis, et pour toute excuse, on nous parque in-
solemment dans le champ de l'inintelligence.

Messieurs, cette objection à la Réforme n'est
pas valable ; elle est encore maladroite et fourbe,
car la loi n'atteint pas seulement le peuple illettré,
mais encore les classes lettrées qui ne possèdent pas
une fortune immobilière.

Enfin, je dis que cette objection dans la bouche
des hommes de juillet, est plus déplacée que partout ailleurs, parce que c'est le peuple qui les a
faits, c'est le suffrage de la garde nationale que
l'on a présenté comme l'approbation conditionnelle
du pays ; et ce suffrage n'aurait eu point de prix,
s'il fût parti, comme on le dit, d'un corps inin-
telligent.

Le Propriétaire. — Il se pouvait faire dans les
anciennes républiques et dans les communes fran-
çaises, que le peuple élût ses chefs, parce que cela

se passait dans un petit rayon de terre, et parce que les élus étaient toujours connus des électeurs. La France est trop étendue, trop divisée, pour qu'il en soit ainsi.

LE PÉTITIONNAIRE. — Par deux raisons ce n'est point exact : les cantons de la France se nommant un représentant, le choisiront habituellement entre les habitants de ce même canton. D'ailleurs, grâce à la presse parisienne et départementale qui doublerait alors son extension et son influence, il ne serait pas un homme politique qui ne fut universellement et rapidement connu. Parmi les électeurs actuels, ce fait se remarque déjà, et si l'on veut bien réfléchir que par la Réforme proposée on appelle dans les collèges tout à la fois et le peuple proprement dit et toutes les classes éclairées, il suivra de cet accroissement du foyer de lumières, que l'opinion discutée entre tous, finira toujours par recevoir la sanction de l'intelligence. Cela sera, je le répète, parce que dans une sage organisation de l'État, les intérêts de tous s'harmoniseront, et la raison seule, à l'exclusion des passions, fera la loi.

Le Propriétaire. — L'augmentation du nombre d'électeurs n'amènera-t-il pas bien des difficultés, bien des déplacements, bien des pertes de temps pour le peuple des travailleurs.

Le Pétitionnaire. — A la rigueur je pourrais me borner à répondre que la constitution d'un bien n'est jamais achetée trop cher au prix de quelques sacrifices; et que la Réforme devant produire le bien, ainsi que je l'ai prouvé, l'appréhension de faibles embarras, ne pourrait point la faire repousser. Mais j'aborde d'une manière plus satisfaisante l'objection, et je dis que les difficultés redoutées ne tarderaient pas à devenir un avantage réel. En effet, le siége des élections étant fixé au chef-lieu du canton, le déplacement serait nul pour quelques électeurs et fort peu sensible pour les autres; il se passe peu d'années où tous les habitants d'un

canton ne se transportent au chef-lieu, soit pour
des jours de marché, soit pour des jours de fêtes.
Eh bien ! à moins d'hypothèses exceptionnelles,
l'obligation du déplacement pour les élections ne
reviendrait que tous les cinq ans ; rien n'empêche-
rait de fixer à cette époque les transactions com-
merciales ; et comme dans ces jours, le concours
serait plus que jamais général, les opérations seraient plus sûres et plus universelles. Ne compte-t-
on pour rien, du reste, l'avantage de voir l'esprit
public se retremper dans une large discussion et
dans le contact de toutes les individualités communales ?

LE PROPRIÉTAIRE. — Mais l'indifférence qui gagne déjà les électeurs privilégiés, ne serait-elle pas
bien plus grande lorsque le droit tendrait à devenir général.

LE PÉTITIONNAIRE. — Si, trop souvent, nous
voyons les électeurs patriotes se tenir à l'écart des
colléges électoraux, nous ne devons point attribuer

leur absence à l'indifférence, mais seulement au découragement. Nous sommes sûrs, se disent-ils, que l'élection rétrograde et assurée à l'avance : à quoi bon par nos votes contraires présenter des protestations inutiles ? Et, de cette sorte, le mal s'envenime, et l'engourdissement gagne le pays. Rien de cela ne saurait être, si les amis de la patrie pouvaient espérer que leurs votes fussent comptés pour quelque chose. La réforme allumera le feu sacré !

Le Propriétaire. — Une objection dernière me reste à présenter : Prenez garde, qu'en appelant à l'élection un grand nombre des habitants de la même commune, vous allez ressusciter *les influences de clocher*, ou, si vous le préférez, les petites rivalités communales, et les chances de succès des grands propriétaires.

Le Pétitionnaire. — C'est pour prévenir ce fâcheux résultat que le chef-lieu du canton est fixé pour le siège des bureaux électoraux ; là, toutes ces influences se neutraliseront, et l'opinion du canton, préparée à l'avance, triomphera de tous les petits partis pris.

L'Inconnu. — J'admire, Monsieur, avec quelle adresse vous avez évité de faire allusion au vice radical de votre projet : ceci vaut bien cependant la peine qu'on s'en occupe, car de là découle, d'une manière invincible, l'impossibilité d'une Réforme. Le peuple est immoral, ses voix seraient achetées, les grandes fortunes reviendraient seules à la chambre, ou bien les élus sortant du peuple, ne formeraient qu'un gouvernement infâme et populacier.

Le Pétitionnaire. — Et moi, Monsieur, je ne sais ce que je dois le plus admirer ou de votre aveuglement ou de votre insolente injustice! Que l'on vienne faire un crime maintenant à Lamennais et à Michel (de Bourges), d'avoir, avec emportement peut-être, repoussé d'aussi grossières attaques? Que l'on ose leur imputer à tort d'avoir exalté la moralité et la patience du peuple, pour l'encourager à persévérer dans le bien ? Oui, le peuple est moral, puisque tant de provocations imprudentes ne le poussent pas, tous les jours, à faire usage de sa force. Oui, suivant l'exemple de Dieu, dont la justice est patiente parce qu'elle est éternelle, le peuple est patient, puisqu'il permet à des insulteurs gagés de jouer avec sa colère, puisqu'il dédaigne d'imposer sur la tête des stipendiés de la police, sa main qui écrase. Oui, nous le disons avec orgueil et joie, le peuple a su se défendre de l'immoralité qui pleut d'en haut, et, si dans ces jours d'un siècle néfaste, quelqu'un de nos aïeux relevé de sa tombe, tenait à retrouver les derniers restes de ces vertus simples et fortes, qui firent la France ce qu'elle fût jusqu'en 1814, ce serait dans les rangs du peuple qu'il devrait les chercher.

Qui donc êtes-vous, Monsieur, vous qui sonnez l'alarme au nom de la morale, contre une réforme faite dans le sens du peuple ? Lorsque vous voyez marcher à la tête des réformistes un grand nombre de députés pris au milieu des premiers représentants de la science, du barreau, de la finance, quel front trempé d'impudence portez-vous donc, vous qui traitez cette réforme d'immorale, d'anarchique, d'ignorante et de *populacière*? Savez-vous bien, Monsieur, ce qu'est la morale, et comment le peuple l'entend? Vienne le moment du danger, le peuple accourt presque seul pour le conjurer! Qu'un incendie éclate, ceux qui l'étoufferont, au risque de la vie, seront les fils du peuple! Qu'un homme se débatte dans le lit d'un torrent qui l'emporte : qui le sauvera? Le peuple! Qu'une invasion étrangère déborde sur le sol de la patrie : Qui la combattra, comme en ces derniers temps? L'armée, la garde nationale ou le peuple, toujours le peuple! Et pendant ce temps, que feront les hommes du privilège? Quelquefois, sans doute, se rappelant leur origine, ils se confondront dans les rangs de la nation; mais, le plus souvent, ils se cacheront, ils s'enfuiront, ils se réjouiront des maux du pays; ils feront l'application à eux-mêmes de cet mot juste et sévère : *Les négociants n'ont point de patrie ;* et tandisqu'à Waterloo l'aigle française tombera sous les plombs ennemis, l'on verra les fonds publics monter à Paris, en signe de prospérité financière. C'est de l'histoire, Monsieur, et l'histoire est terrible pour les classes privilégiées !....

Et puis, voyez-vous : si les ministères actuels ne s'étaient pas faits trafiquants de consciences, si les colléges électoraux ne ressemblaient pas fréquemment à des bourgs pourris, où la corruption, les promesses avilissantes et les fonds secrets jouent un très-grand rôle, si le gouvernement marchait avec la morale, si quelque *grande* question était *sérieusement* traitée par les représentants du pays, si tout dans la politique actuelle n'était pas personnel et mesquin, si l'envie de conserver ou de gagner des portefeuilles ne formait pas le lien de toutes les coteries, si nos députés n'encombraient pas les bureaux des ministères pour proposer l'échange de leurs voix contre des places, si quelques-uns d'entr'eux ne se cachaient pas derrière l'inviolabilité de leur dignité pour frustrer la bonne foi de leurs créanciers, et gagner paisiblement les frontières, si les sessions étaient suivies et fécondes, si la chambre était digne et décente, si, d'après l'avis d'un grand nombre, elle ne ressemblait point à la salle de récréation d'un collége où 459 élèves crient et se chicanent sur une poignée de noisettes, si plusieurs de nos mandataires n'allaient pas à l'assemblée avec autant d'insouciance et de légèreté qu'ils en apporteraient à l'examen d'un *laboratoire d'épiceries législatives*, je comprendrais alors qu'une réforme ne serait pas urgente, et que dans l'impossibilité d'améliorer, il y aurait imprudence à changer l'état des choses. Malheureusement, nous savons qu'il n'en est pas ainsi : le désordre ne peut devenir pire: l'objection qui nous est faite, échappe à la discussion par le ridicule.

Supposons cependant la vérité de ce que je nie, supposons que le vote du peuple soit achetable : je

demanderai si dans ce cas, ce ne serait pas encore
un bien d'avoir augmenté le nombre des suffrages
à vendre. Les élections maintenant faites par les
privilégiés sont facilement assurées par le pouvoir :
en serait-il de même si toute la garde nationale votait
toute entière? Par qui, je vous le demande, la
majorité dans les élections serait-elle payée? par
l'Etat? Ses fonds secrets et ses promesses de
places n'y suffiraient jamais : et, dès la première
session, du reste, ces fonds lui seraient en grande
partie enlevés.

Par les grands propriétaires? La fortune en
France tend à se diviser jusqu'à ce que le besoin
de l'association des capitaux se fasse satisfaire : dès
lors, les cantons échapperaient à l'impuissance des
grands propriétaires.

Le peuple serait-il corrompu par le clergé catholique? Cet argument n'est rien moins que sérieux,
et je nie *formellement* la vraisemblance d'une telle
corruption. N'allez pas croire toutefois que moi

aussi je vienne entonner le *requiem* sur le ca-
tholicisme et sur ses prêtres; bien au contraire,
je suis personnellement convaincu d'une chose :
malgré les fossoyeurs qui, chaque jour depuis des
siècles, se flattent de les avoir enterrés, le clergé
catholique et sa doctrine d'unité *spirituelle* ne sont
pas plus près de mourir qu'ils ne l'étaient aux premiers jours de l'église. Mais je dis que l'action du
clergé sur les élections deviendra nécessairement
favorable à la cause populaire. La partie forte de
ce corps revient à grands pas à l'esprit évangé-
lique; la voilà qui s'adresse à la chambre pour sol-
liciter l'érection d'un tribunal ecclésiastique qui la
soustraise à la férule, quelquefois capricieuse,
des évêques; et je cite, à l'appui de mon opinion,
une feuille démocratique, à laquelle nul reproche
de *congréganisme* ne sera certainement adressé.

« Le clergé se modifiera le jour où nos institu-
» tions seront vraiment démocratiques; lui aussi
» appelle une réforme dans sa constitution, lui

» aussi comprend que l'arbitraire qui le domine ne
» peut se détruire que par l'élection ; il la désire,
» il la verrait avec joie lui rendre son ancienne in-
» dépendance. Le clergé, tôt ou tard, comprendra
» bien qu'il n'a rien à gagner à lutter contre les
» tendances de la démocratie ; que s'unir à elle
» c'est se rapprocher des doctrines évangéliques,
» tandis que la combattre c'est s'apprêter à tra-
» verser, sans utilité pour la religion, de nouvelles
» catastrophes. » (*)

L'admission de *tous les citoyens* aptes à faire
partie de la garde nationale présente donc plus de
garantie de lumières, de moralité, d'indépendance
que ne le fait le mode électoral actuel, ou que ne
le ferait la simple adjonction des capacités *sup-
posées,* aux hommes du privilége. C'est au milieu
des grandes assemblées *que réside l'esprit de Dieu,*

(*) *Censeur de Lyon,* 25 octobre 1839.

et les masses *qu'on ne pourrait acheter* s'éclairent, s'encouragent entr'elles à la recherche du bien.

Indépendamment de cela, nous avons vu que la réforme était légitime, qu'elle était nécessaire, je vous demanderai maintenant si vous voulez l'appuyer ou vous déclarer pour la conservation de l'injustice ?

L'Inconnu. — Plus que jamais je persiste à me déclarer contraire à votre pétition.

Le Pétitionnaire. — A vous, Monsieur, pour toute réponse je me contenterai de citer ces phrases éloquentes du *Censeur* :

« Messieurs du privilége électoral, voyez bien
» ce qui se passe autour de vous. Vous voilà res-
» serrés dans votre droit exceptionnel. Vous êtes
» compacts, mais vous ne formez que des minori-
» tés autour desquelles bourdonnent des masses
» puissantes ; voyez si vous voulez leur faire place,
» vous confondre avec elles, ou bien s'il vous sied
» mieux de les maintenir à l'état d'exclusion. Dans

» la première position vous jouez le tout pour le
» tout, et avec la chance certaine de perdre la par-
» tie ; dans la seconde, vous transigez ; vous faites
» place à de nouveaux électeurs, mais vous con-
» servez votre droit : ce n'est plus la partie qui
» fonctionne pour le tout, c'est la partie qui se
» confond avec le tout. »

L'INCONNU. — La menace est mal placée dans la bouche des suppliants.

LE PÉTITIONNAIRE. — Ceux qui réclament les droits qu'on usurpa sur eux, ne supplient pas ; et la menace, elle-même, s'ils voulaient forcément triompher ne leur serait pas nécessaire. *Le National* a dit : « L'on ne veut accorder à la garde nationale que » le droit de faire faction ; celle-ci *demandera* jus- » tice, » c'est-à-dire que, maîtres de leurs mouvements et tenant au bout de leurs baïonnettes le sort du pays, les citoyens français posent leurs armes en faisceaux, et pétitionnent pour qu'on reconnaisse leur dignité. N'appelez donc pas cela de la menace, mais comprenez que le droit d'un pays a cependant sa force qu'il garde en réserve. Il est dangereux, croyez-moi, de refuser long-temps à l'âme d'un peuple la nourriture qu'elle demande; car cette âme a son corps qui peut prendre. Écoutez donc la parole du pays, Messieurs; profitez de on calme et n'aiguisez pas sa colère: vous, qui êtes en petit nombre placés sur les plus hauts degrés de l'échelle électorale, tendez la main à vos frères qui montent; car si vous leur barrez le passage, ils vous feront rebrousser si haut que les échelons manqueront enfin sous vos pieds: ayez toujours présente à la pensée cette prophétie de Jésus, le divin apôtre du peuple: *Ceux-là qui sont les premiers seront les derniers; et ceux-là qui sont les derniers seront les premiers.*

La fatale irritation populaire poussée à bout en 93 doit servir de leçon: à l'avenir ne l'oubliez pas! Mais que votre conscience, et non la crainte, vous décide. Ayez, comme moi, confiance dans le tranquille bonheur que vous ferez au peuple.

Le Propriétaire. — La lumière s'est faite pour moi ; je suis persuadé et je signe.

L'Inconnu (se retirant). — Et moi, je ne signe pas.

Le Pétitionnaire. — Allez, Monsieur, mais que Dieu vous éclaire et vous garde.

Or quel était cet homme qui s'en allait ainsi plein de colère ? Ne vous affligez point de son brusque départ : ce n'était pas, grâces au ciel, l'un de ces électeurs timorés, mais consciencieux et probes, ainsi qu'il en est beaucoup ; ce n'était pas un fonctionnaire public, ce n'était pas un journaliste aux gages de quelque préfecture, ce n'était pas même un émissaire direct de la police ; mais il est au-dessous des *insulteurs publics* et des sbires de la que de Jérusalem, certaine classe immonde et sans nom dont le repoussant aspect fait monter la rougeur au front ; cet homme lui appartenait ; cet homme délicat avait édifié sa fortune sur la boue des carrefours sombres, cet homme *moral* avait spéculé sur la plus dégradante des passions de la capitale , cet homme faisait partie des dix-sept misérables que *le National* a dénoncés comme électeurs garottés et vendus ; cet homme *tenait l'une de ces maisons,* devant lesquelles les vierges passent en courant et en détournant la tête.

Maintenant , comprenez, réfléchissez et jugez !

ERRATUM.

C'est par erreur que nous avons indiqué les élections comme devant être faites dans les chefs-lieux du canton. Ce sont les arrondissements qui se choisissent des représentants, et l'élection se fait à leurs chefs-lieux.

CONSEILS AUX PÉTITIONNAIRES.

Nous n'avons pas besoin de démontrer l'importance du nombre des pétitionnaires. A la tribune, les efforts des députés qui se dévouent à l'œuvre de la réforme, commanderont d'autant plus la bienveillance et l'attention, qu'appuyés sur un plus grand nombre de signataires des pétitions, ces avocats du peuple auront davantage le droit de répéter ce mot d'une autre époque : «*Si » nous sommes peu nombreux ici, dehors nous sommes » trente millions.* »

En conséquence, pour donner aux pétitions la plus grande extention possible, il convient que les hommes de chaque commune, qui désirent appuyer la réforme, s'organisent en comités, qu'ils s'encouragent, qu'ils se distribuent le soin d'aller prendre les signatures des divers habitants.

Ces comités feront bien de se mettre immédiatement en rapport avec la feuille populaire du département, qui correspondra directement elle même avec le comité Laffitte.

Les signatures devront être recueillies avant le *dix février* 1840, et les pétitions remises à cette époque, au journal patriote, afin d'être, de suite dirigées sur Paris.

Voici, maintenant, l'esprit, sinon la forme arrêtée, des pétitions.

PÉTITION DES HABITANTS DE.....

Messieurs les députés,

Envieux de faire triompher le principe de la *SOUVERAINETÉ NATIONALE*, sur lequel repose, en droit, l'organisation politique de la France ;

Désireux d'assurer à la chambre des mandataires du pays, une complète indépendance ;

Nous demandons, que vous établissiez par une loi : que les citoyens français, reconnus aptes à faire partie de la garde nationale, seront désormais électeurs et éligibles.

Que tous les fonctionnaires publics, salariés par l'État ne pourront être admis comme députés à la chambre.

Qu'un traitement sera donné aux députés pendant toute la durée des sessions.

Ces mesures devant tourner à l'avantage du pays, et à l'honneur de la chambre, nous espérons, messieurs, que vous les sanctionnerez.

Suivent les signatures.

UN DERNIER MOT.

Depuis quelques jours la question de la Réforme proposée par le comité Laffitte, a fait un pas immense, à notre avis.

La chambre des privilégiés a ouvert sa session : cet événement, devenu depuis quelques années fort indifférent au pays, présentait, cette fois, un intérêt de circonstance. Chacun était bien aise de savoir si les hommes devant lesquels doit être portée la petition pour la réforme étaient las, comme la patrie, de la pièce qui se joue dans les hautes régions ; ou bien tout simplement, si la chasse aux portefeuilles allait recommencer.

Or, voulez-vous savoir comment les représentants des hauts contribuables représentent le pays, voulez-vous assister à la misérable et non pas gratuite comédie que les prétendus mandataires de la France nous donnent, au Palais-Bourbon ? faites silence et prenez vos lorgnons, voici que la toile se lève : si cela vous convient, attendez pour siffler que l'assemblée se retire.

Le ministère du 12 mai paraît tout d'abord : il essaie de compromettre par son contact une royauté que nous respectons trop pour ne pas lui conseiller de se tenir à l'écart des disputes politiques, puis il présente l'étonnant prospectus consacré par l'usage : La France, dit le ministère, est trop heureuse de se trouver guidée par les mains d'un cabinet si habile , la patrie est respectée et redoutée au dehors, même en Angleterre, même en Russie, même dans l'Orient, même en Afrique; l'industrie prospère; l'agriculture fleurit au soleil gouvernemental ; les factieux, ceux qui ne voulaient pas autrefois se laisser tranquillement être heureux , sont maintenant à genoux et bénissent un ministère aussi fort qu'éclairé; enfin, la nation réclame bien une loi sur la conversion des rentes, une loi qui révoque la législation de septembre sur la presse , une loi de Réforme Électorale, mais bah! Qu'est-ce que tout cela? Le pays ne sait pas ce qui lui est utile, le ministère promet de lui donner toute autre chose, et s'engage de plus à renfermer son avenir dans les limites fortunées du passé.

Pendant ce pompeux exposé des vues du ministère, quelles sont ces voix nombreuses qui s'élèvent du dehors? Du pain ! donnez-nous du pain ! crient les unes. Au secours! crient les autres, nous avons vu nos frères déchirés , mutilés, outragés jusque dans la mort par le barbares du désert. Les yatagans des Kabyles sont brandis sur nos têtes, les coursiers de l'Afrique brisent nos crânes sous leur trot rapide, nos membres sont semés épars sur les aspérités de la plaine, sur les ruines fumantes de nos fermes, sur les cadavres glacés de nos compagnons d'armes, au secours ! n'avez-vous pas déclaré l'Algérie province française? ne nous avez-vous pas garanti assistance? Deux hommes pouvaient nous sauver : qu'avez-vous fait de Clauzel et de Volland? quelques chefs zélés nous restaient pour organiser notre défense, pourquoi nous enlevez-vous Rulhière, Lamoricière et bien d'autres? Au secours, nos frères de France, au secours !....

Ne faites pas attention : c'est l'un des soupirs journaliers de la France, c'est l'un des gémissements du peuple; ne faites pas attention, vous dis-je. Voilà pour le premier jour.

Afin de répondre convenablement au remarquable programme que vous venez de lire, dix jours se passent en préparation ; mais le pays ne perd rien à l'attente; les compliments du jour de l'an servent d'intermède pendant l'entr'acte. L'usage que nous a légué le paganisme de dire à cette époque tout le contraire de ce qu'on a sur le cœur s'est religieusement conservé : vous savez tout ce qu'on a dit ou plutôt tout ce qu'on n'a pas dit au commencement de l'an de grâce 1840. Passons.

Enfin, voici venir l'adresse de la chambre !... Oh ! c'est bien avec justice, qu'on a pu dire avec un orateur de l'honorable assemblée : Tel qu'on nous l'a fait, le gouvernement représentatif n'est plus *qu'un jeu de mots*. Savez-vous sur quoi l'on discute ? sur les principes, sur les choses, sans doute ?.. Non, vous n'y êtes pas, je vous le donne en mille... On discute sur les hommes, et, comme je vous le disais tout à l'heure, sur les mots. Deux jours ont été perdus sur la pondération de ces deux adjectifs constitutionnel et parlementaire : la dispute ne fait encore que commencer. Lequel vaut le mieux ? se demande-t-on, de la tribune aux bancs de la chambre ? Lequel vaux le mieux ? Cherchez bien, peut-être vous trouverez ; mais ne me demandez pas mon opinion, je ne me sens pas l'envie de la dire.

Puis, semblables à Diogène, tous les députés s'arment d'une lanterne et se mettent à la quête des hommes, qu'ils ne trouveront pas. Où est la majorité ? Nous l'avons, nous l'avions, vous l'aurez et vous ne l'aurez pas ; puis un député qui s'oublie et des ministres qui se renient, parlent de la réforme électorale comme d'un

sujet d'étude qui viendra dans un temps indéterminé ;
puis chacun de se draper, de se mordre et de rire.

Oh ! pitié, mon Dieu ! pitié ! car voilà la chambre !
voilà cette assemblée de personnages que les privilégiés
nous présentent comme nos législateurs. Point de foi
politique, point de pensée, point de gravité, point de
sagesse ! Oui, la vue de tant de misère, de tant d'inep-
tie, de tant de scandale dans le sanctuaire des lois est
instructif. Oui, la réforme a fait un pas immense !...
Vous avez eu bien des mois pour prendre quelque raison, pour recevoir quelque enseignement et vous êtes
revenus sans avoir rien appris. Vous cherchez la majorité dans la chambre : et moi je ne crains pas de vous
le dire : vous ne l'y trouverez pas forte, éclairée et sta-
ble. La majorité n'est point là ; la majorité est dans le
pays, dans le pays que vous laissez à la porte et qui
veut entrer !

Écoutez, aujourd'hui même, 12 janvier, 1000 gardes
nationaux de Paris parcourent les rues en bon ordre,
vont encourager le comité Laffitte à persévérer, et se
sépprent aux cris de : vive l'opposition ! Réforme ! Réforme ! La voix du peuple est la voix de Dieu !

ERRATUM. — Page 8., ligne 2, au lieu de MANU DIURNA ; lisez MANU VER-
SATE DIURNA.

Nantua, Imprimerie d'Ant. Arène.

www.ingramcontent.com/pod-product-compliance
Lightning Source LLC
Chambersburg PA
CBHW061556080726
47597CB00004BA/1373